LES EAUX MINÉRALES

ET LES

MALADIES CHRONIQUES

PROFESSÉ A L'ÉCOLE PRATIQUE

PAR

Le Dr Max. DURAND-FARDEL,

Membre associé de l'Académie de Médecine, Médecin-inspecteur à Vichy.

PARIS,

Octave DOIN, Éditeur,

8, Place de l'Odéon, 8.

—

1888

COURS

SUR

LES EAUX MINÉRALES

ET LES

MALADIES CHRONIQUES

LEÇON D'OUVERTURE DU COURS

SUR

LES EAUX MINÉRALES

ET LES

MALADIES CHRONIQUES

PROFESSÉ A L'ÉCOLE PRATIQUE

PAR

Le Dʳ Max. DURAND-FARDEL,

Membre associé de l'Académie de Médecine, Médecin-inspecteur à Vichy.

PARIS,

Octave **DOIN**, Éditeur,

8, Place de l'Odéon, 8.

1888

COURS

SUR

LES EAUX MINÉRALES

ET LES

MALADIES CHRONIQUES

LEÇON D'OUVERTURE.

Messieurs,

Je dois commencer par vous définir l'objet précis de ce cours. Je me propose de vous apprendre à vous servir des eaux minérales comme on se sert des autres agents de la thérapeutique. Il n'est pas nécessaire que j'insiste sur le peu de place que les eaux minérales occupent dans la Science, et sur la grande place qu'elles tiennent dans la pratique. Je m'efforcerai de vous faire saisir le caractère scientifique qui doit leur appartenir et de vous bien pénétrer de la part qui leur revient dans le traitement des maladies chroniques. Ce que je vous propose est donc un enseignement essentiellement pratique et complémentaire de l'enseignement général de la thérapeutique.

J'entre immédiatement en matière.

Qu'est-ce que l'on doit entendre par *eaux minérales* en médecine? On doit entendre des eaux naturelles qui sont utilisées en thérapeutique en raison des qualités propres qui appartiennent à chacune d'entre elles.

C'est là une définition bien vague, et qui cependant me paraît la mieux appropriée. Ni le fait de la thermalité, ni le fait de la minéralisation ne peuvent servir à les définir, puisque la thermalité peut leur manquer, et que des eaux naturelles peuvent être thermales sans avoir de caractère thérapeutique, et puisque toutes les eaux issues du sol sont minéralisées d'une manière quelconque. Une telle définition sert au moins à les distinguer entre elles et à différencier leur usage de celui de l'eau en général, à différencier la médication thermale de l'hydrothérapie chaude ou froide.

L'idée que nous pouvons nous faire de l'origine des eaux minérales peut être ramenée à un fait élémentaire très simple : pénétration des eaux atmosphériques dans l'intérieur de la terre ; remontement de ces mêmes eaux, accompagnées des principes qu'elles ont trouvé à s'y assimiler.

L'eau tient une place énorme dans l'intérieur du noyau solide du globe terrestre, peut-être comparable à celle qu'occupe sous nos yeux l'immense étendue des mers (Daubrée). Pénétrant par imbibition, par attraction capillaire, par les espaces que laissent les fentes et les fractures de l'écorce solide, les eaux atmosphériques se répandent dans des nappes souterraines que nous pouvons atteindre ; elles remplissent les interstices, les intervalles, les cavités ; elles font corps avec les roches les plus compactes ; elles pénètrent enfin dans des régions inaccessibles où notre pensée seule peut les suivre.

Les nappes relativement plus superficielles fournissent les sources qui s'écoulent sous nos regards, formant les ruisseaux et les fleuves. Les plus profondes trouvent leur issue par les volcans et par les eaux minérales. Les unes et les autres ramènent des vestiges des principes existant dans les terrains parcourus.

L'action qui les fait surgir au dehors est celle d'un siphon naturel, auquel s'ajoute souvent la force expansive des gaz. Elle s'opère par les voies d'issue qu'elles rencontrent, profitant même parfois d'une faille directe qui a servi à leur introduction et où s'établit alors un double courant d'eaux descendantes (froides) et d'eaux ascendantes (chaudes).

On admet, au point de vue de l'origine des eaux minérales : 1° des eaux dites profondes, ou géologiques, ou d'épanchement ; 2° des eaux dites superficielles, ou d'infiltration, ou de lixiviation.

L'incorporation des principes minéralisateurs se fait par dissolution des principes solubles, aidée par un degré quelconque de chaleur et de pression, et surtout par l'entremise du gaz carbonique qui, à part les eaux constituées par les acides du soufre, doit être considéré comme l'agent minéralisateur par excellence. Ceci s'applique surtout aux eaux dites superficielles (expression qu'il ne faut prendre que dans un sens tout relatif), ou de lixiviation. Celles-ci renferment surtout de la chaux, de la magnésie, des sulfates, du fer, de l'arsenic, plus les chlorures, la soude et la potasse qui meublent les terrains qu'elles ont traversés. Elles offrent, en général, peu ou point de thermalité, ne sont que faiblement minéralisées et d'une moindre abondance que les suivantes. Quant à celles-ci, eaux profondes ou d'épanchement, des conditions excessives de température et de pression, dont nous ne pouvons nous faire d'idée, président à leur minéralisation et à des réactions que nous ne pouvons pas toujours définir et que nous pouvons encore moins imiter. C'est sans doute ici qu'à l'action de *dissolution*, que je viens de vous signaler, s'ajoutent des actions de *décomposition*, exercées sur les roches dites congénères par des acides énergiques tels que les acides carbonique, sulfurique et chlorhydrique. Ces eaux sont riches principalement en soude, en sulfures et en chlorures, de thermalités élevées et de fortes minéralisations (excepté les sulfurées) ; elles sont généralement d'une grande abondance.

L'existence d'une source minérale se décèle ou par sa température, supérieure à celle du milieu ambiant, dans tous les cas par sa température fixe, ou par les gaz qui s'en échappent, ou par sa saveur ; quelques-unes ont été dénoncées par des animaux que leur instinct y avait conduits.

Le premier soin doit être d'en opérer le captage, c'est-à-dire de les isoler des terrains environnants, précaution toujours indispensable, à moins qu'elles ne sortent directement de la roche, dont les parois leur constituent alors un captage naturel.

On procédera ensuite à leur analyse chimique. Celle-ci y fera découvrir d'abord les principes banaux qui se rencontrent dans toutes les eaux issues du sol, puis des principes spéciaux, tout à fait caractéristiques. Quelquefois, au contraire, leur analyse ne fournira que des résultats relativement négatifs, circonstance non moins caractéristique, comme vous le verrez, et dont j'aurai à vous faire ressortir l'importante signification.

Si leur débit suffisant permet de leur attribuer des usages balnéaires, ce que l'on réalisait dans le commencement au moyen d'excavations naturelles ou artificielles où l'on venait s'y plonger ou s'exposer à leurs émanations, on les recueille et on les distribue dans des installations dites établissements thermaux. A la simple balnéation s'ajouteront des engins particuliers et diversifiés, qui utiliseront toutes les ressources de la balnéothérapie thermale, douches, inhalations, vapeurs, etc.

Enfin, à l'empirisme, qui a dû présider d'abord à leurs applications, a succédé une observation méthodique qui a permis d'instituer une médication rationnelle, basée sur les indications, et aussi précise que peut l'être le reste de la thérapeutique.

Vous voyez que l'hydrologie médicale intéresse à la fois la géologie pour ce qui concerne et les problèmes de l'origine des eaux minérales et les renseignements qu'elles peuvent apporter sur la structure du sol, et la chimie, par les notions qu'elle nous fournit touchant leur constitution *saisissable*; et l'art de l'ingénieur et de l'architecte pour en réaliser les applications; et la médecine, par les rapports qu'elle comporte entre les maladies chroniques et leur traitement par les eaux minérales.

Vous voyez, en même temps, combien serait étendu le programme d'un cours complet d'hydrologie médicale. Je n'en retiendrai que ce qu'il est nécessaire que tout médecin connaisse.

Prenons pour exemple une station thermale quelconque. Qu'importe-t-il de savoir?

D'abord sa constitution chimique et physique; ensuite les ressources balnéothérapiques dont elle peut disposer; puis, sa situation géographique et topographique; enfin, et comme corollaire de ce qui précède, ses appropriations thérapeutiques, c'est-à-dire les indications auxquelles elle est apte à répondre.

Le nombre des eaux minérales installées, c'est-à-dire des stations thermales, est considérable. Faire l'histoire successive de chacune d'entre elles est le fait d'un dictionnaire et non d'un enseignement méthodique.

Vous savez que le luxe exorbitant de notre matière médicale peut se réduire dans la pratique à un nombre très restreint de médicaments et de formules. En voyage, dans les campagnes reculées, toute la médecine se fait avec quelques médicaments choisis. Chacun de nous, s'il laisse à d'autres le rôle d'expérimentateur, n'a-t-il pas à son usage un certain nombre de formules dont il ne sort guère? Il est certain que toute la médecine thermale peut se faire avec un très petit nombre d'eaux minérales. L'administration de la guerre pourvoit à toutes les indications thermales avec les stations de Bourbonne, Vichy, Amélie, Barèges, Guagno, sièges de vastes établissements militaires, surtout les quatre premiers, un service plus restreint à Bourbon-l'Archambault et quelques lits à Plombières. Il suffirait d'en ajouter deux ou trois autres pour compléter un cadre, qui n'avait trait qu'à une partie déterminée de la population.

Ceci ne signifie pas que l'on doive s'en tenir à la connaissance de ces quelques stations, qui ne sont en réalité que des types des formes multiples de la médication thermale. Mais ceci nous amène déjà à concevoir une certaine simplification de cette étude. Celle que nous ferons ensemble ne se limitera pas ainsi, et ceci pour les deux raisons suivantes, entre beaucoup d'autres.

1° La médication par les eaux minérales ne vient pas, comme les autres, à la rencontre du malade : c'est lui qui doit l'aller chercher. Il y a donc des considérations géographiques dont on ne saurait se désintéresser. En outre, elle comporte des éléments multiples dont il faut tenir compte, et qui sont ses avantages et ses inconvénients : saisons, distances, conditions topographiques et climatériques, conditions d'aménagement et d'entourage, etc.

2° Si la médication thermale peut être ramenée à certains types déterminés, il faut savoir que les eaux minérales les plus rapprochées par leurs caractères propres ne sont jamais précisément identiques, de même que, dans une même station, deux sources, quelque voisines qu'elles puissent être, ne sont jamais identiques.

Et, comme chaque chose a son contraire, tandis que je viens de vous dire la possibilité de réduire la médication thermale à un petit nombre de types définis, je pourrais maintenant vous montrer la richesse qui lui appartient en nuances infinies et dont on peut tirer un parti précieux.

Il y a là une question de milieu et de mesure dans laquelle ces leçons auront précisément pour objet de vous servir de guide.

J'aurai donc surtout à vous entretenir des stations thermales qui, dans chaque famille, nous fournissent des types importants, ou par leur valeur thérapeutique particulière, ou par leurs conditions d'installation, ou par leur notoriété, ou par leur situation géographique. Vous aurez acquis ainsi des notions spéciales sur un ample cercle d'applications, qu'il vous sera facile d'élargir ensuite autant que vous le voudrez. Quant aux stations étrangères, les stations françaises fournissant à la médication thermale toutes les ressources que celle-ci peut avoir à réclamer, et qu'il est au moins inutile d'aller chercher ailleurs, je ne vous en entretiendrai qu'à propos de certains types particuliers, et de quelques notoriétés sur lesquelles il sera bon que vous soyez édifiés.

Pour que le guide que je vous propose à ce sujet soit

assuré et pour que cet enseignement soit effectif, il faut une méthode conforme à ses nécessités.

L'étude que nous allons faire des eaux minérales comprend deux termes :

Matière médicale.

Thérapeutique.

La méthode relative à la matière médicale sera basée sur la *classification*.

La méthode relative à la thérapeutique sera basée sur la *spécialisation*.

La classification est établie sur la prédominance d'un ou de plusieurs principes minéralisateurs.

La spécialisation est établie sur les rapports qui existent entre ces prédominances et les actions thérapeutiques.

Je mets immédiatement sous vos yeux des exemples propres à vous montrer la légitimité de cette méthode.

Toutes les eaux minérales où le chlorure de sodium domine dans une proportion quelconque sont appropriées au lymphatisme et à la scrofule. Une telle appropriation ne se retrouve plus dans celles où le chlorure de sodium n'existe qu'en sous-ordre. Il n'est fait d'exception à cette dernière proposition que pour certaines eaux sulfureuses; mais leur mode d'action est tout autre.

La prédominance des bases calciques annonce des propriétés sédatives, et celle des bases sodiques des propriétés excitantes. Nous aurons plus tard à nous entendre sur la signification qu'il faut attacher ici à ces deux idées d'excitation et de sédation.

Mais, en thérapeutique, entre la connaissance de la matière médicale et celle de ses applications, il existe un troisième terme, les *indications*. Les indications sont comme le trait d'union entre la maladie et la médication. C'est toujours au nom des indications que je vous exposerai le rôle des eaux minérales dans le traitement des maladies chroniques.

Et maintenant je puis vous assurer que, lorsque vous posséderez les principes de la classification, de la spécialisation et des indications, vous saurez ce qu'il est nécessaire que vous sachiez pour faire un emploi rationnel des eaux minérales.

Je viens de vous exposer un programme sommaire du côté subjectif de cet enseignement, lequel est l'étude des eaux minérales. Je désire vous présenter maintenant quelques brèves considérations sur son côté objectif, c'est-à-dire les maladies chroniques auxquelles sont appliquées les eaux minérales.

Les sujets immédiats d'application des eaux minérales sont en général des maladies déterminées, des états pathologiques organiques ou fonctionnels. La première question que vous avez à vous poser devant une maladie chronique est celle-ci : quelles sont les conditions qui ont présidé à son développement? Quelles sont celles qui président à sa persistance? La réponse à cette double question contient la solution du problème des indications thérapeutiques et de leur réalisation.

Je vais vous présenter les termes élémentaires et successifs de ce problème, c'est-à-dire ce que vous devrez toujours avoir présent à l'esprit quand vous aurez à établir les indications dans le traitement d'une maladie chronique, et en particulier dans son traitement par les eaux minérales.

« Il y a, a dit Cl. Bernard, dans chaque animal, des conditions physiologiques de milieu intérieur qui sont d'une variabilité extrême. Or, chez un animal, les phénomènes vitaux ne varient que suivant des conditions de milieu intérieur précises et déterminées. » Ceci veut dire que chacun de nous est fait à sa manière quant à ses conditions physiologiques, comme il le sera plus tard quant à ses conditions pathologiques.

Parmi ces diversités dans l'état physiologique, on a pu marquer des types, ce sont les *tempéraments*. Les tempéraments (classiques) sont établis sur le mode de telle ou telle grande fonction ou de tel ou tel appareil d'organes.

Ces modes divers, qui correspondent à des différences

d'activités partielles, peuvent s'accentuer de manière à ce que le juste équilibre qui maintient en harmonie les éléments complexes de l'organisme vienne à se rompre : de là naissent les *états constitutionnels* qui ne sont pas encore la maladie, mais qui ne sont plus la santé parfaite.

Ici se reconnaissent encore des types plus ou moins bien déterminés, qui impriment à l'économie la marque de tel système, ou de tel appareil, ou de telle fonction, et d'où dérivent les constitutions dites lymphatique, nerveuse, arthritique, bilieuse, anémique, hémorrhoïdaire, etc.

Ce n'est pas la maladie et ce n'est plus la santé parfaite: c'est une manière de vivre qui imprime aux maladies accidentelles une physionomie particulière. L'état morbide n'en naît pas directement. Mais lorsqu'il apparaît sous l'action de causes hygiéniques ou de causes accidentelles, ces états constitutionnels lui imposent des déterminations de siège, de forme et d'indication très précises. En d'autres termes, on doit à ces constitutions d'être malade de telle ou telle façon et de signaler telle ou telle indication thérapeutique.

Un degré de plus et ce sera la maladie, c'est-à-dire la *diathèse*, latente peut-être, mais effective, toujours prête à apparaître, avec des phénomènes que l'on appellera réguliers ou irréguliers, suivant qu'ils offriront les caractères typiques qu'elle affectionne ou qu'ils s'en écarteront. Ici la maladie existe *per se*; elle se manifeste d'emblée par ses symptômes propres. Bien que ses manifestations ne se soustrayent pas à l'action des circonstances accidentelles ou des conditions hygiéniques, c'est dans l'organisme même qu'elles puisent leur raison d'être; elles en proviennent immédiatement; elles n'ont pas besoin d'occasion pour apparaître.

La conception de ces états pathologiques ne doit pas être bornée aux formules étroites où l'on a enfermé jusqu'ici le cadre des diathèses. Tout mode de l'organisme qui suppose une altération durable ou définitive *totius substantiæ* est une diathèse ou un empoisonnement. Ceux-ci, virulents, organisés ou non, sont hors de cause, bien que, s'ils entraînent une chronicité, ils se comportent d'une façon peu dissemblable des diathèses.

J'ajouterai les propositions suivantes aux principes de pathologie générale que je me proposais de vous exposer et dont je n'ai pu vous tracer qu'une exquisse sommaire :

1° L'étiologie pathogénique des états qui président aux maladies chroniques comprend d'abord la considération de l'hérédité et celle des influences hygiéniques.

L'idée d'hérédité recouvre une inconnue dont les termes se détachent quelquefois avec netteté, mais demeurent le plus souvent enveloppés dans les brouillards de l'atavisme.

Les influences hygiéniques, tout en se combinant avec les influences héréditaires, ont une puissance assez grande, si elles sont salutaires, pour combattre ou annihiler les effets de celles-ci, ou bien, si elles sont nuisibles, pour reproduire par elles-mêmes des effets identiques. Et si l'expérimentation était permise en semblable matière, je pense qu'il n'est guère d'état constitutionnel ou diathésique qui ne pût être reproduit artificiellement.

2° Il est impossible de marquer des limites déterminées entre le tempérament, qui est la santé, l'état constitutionnel qui se trouve intermédiaire entre la santé et la maladie, et la diathèse qui est la maladie. Le passage du tempérament à l'état constitutionnel, et de l'état constitutionnel à la diathèse, est insensible; leurs caractères respectifs ne le sont pas si nous les prenons dans leur état achevé, mais ils le sont si nous cherchons à les saisir dans leurs transitions successives.

3° Il faut se garder d'attribuer aucun caractère de spécificité aux états constitutionnels ou diathésiques. Il ne s'agit, dans ces désordres survenus dans l'évolution naturelle de l'organisme, que de déviations de l'état physiologique pouvant être ramenées, généralement au moins, comme l'a fait M. Bouchard, à des troubles de la nutrition, ce qu'il a appelé *nutrition ralentie*.

Je ne vous parle pas de la pathologie microbienne, parce

qu'elle n'est pas encore constituée. Je vous demande de rester sur le terrain de ce qu'on appellera peut-être bientôt l'ancienne pathologie, mais qui a été jusqu'ici la base la plus solide de la clinique.

Veuillez remarquer, du reste, que ce sont probablement les termes qui en auront changé plus que le fond. Il règne aujourd'hui une tendance à subordonner à ces organismes, qu'on appelle des microbes, le support vivant dans lequel ils se meuvent. La vérité ne se trouve-t-elle pas dans le contraire, et n'est-ce pas le rôle des microbes qui se trouve, au moins pour une certaine part, subordonné aux circonstances de milieu si variées, dans les grands organismes qui les recèlent ?

Les considérations relatives aux conditions propres de ces derniers conservent donc toute leur signification. Nous continuerons d'en faire la base de nos études, laissant ici de côté tout un ordre d'observations et de spéculations qui n'est encore qu'à l'état de préparation.

Je n'ai plus à ajouter à cette introduction, nécessaire aux leçons qui vont suivre, que quelques observations sur la méthode qui nous dirigera dans l'étude des *indications* des eaux minérales.

Vous savez que les indications en thérapeutique dérivent de la connaissance de la maladie et de la connaissance de la médication. Je viens de vous signaler les principes généraux qui pourront vous aider dans la détermination des indications au point de vue de la maladie. Ce tableau, dont je n'ai pu vous tracer que quelques traits sommaires, est sans doute fort complexe ; mais, grâce à l'étude, puis à l'observation, on arrive, dans l'application, à s'en représenter tous les traits utiles par une opération de l'esprit, en quelque sorte inconsciente, comme celle qui permet aux yeux de saisir instantanément, à la lecture d'une partition musicale, les signes nombreux qui s'offrent devant eux.

Les indications, dérivant de la connaissance de la médication thermale, se résument dans les *actions* qu'il est permis d'attribuer aux eaux minérales.

Ces actions ont une portée générale ou locale.

Les actions générales sont les suivantes : altérantes, reconstituantes ou sédatives.

Les actions locales sont résolutives ou substitutives.

Quelques mots sur ces différentes attributions.

La médication dite *altérante,* expression fort défectueuse en elle-même, est un modificateur direct du système et s'adresse aux états diathésiques. C'est sans doute en touchant les actes même de la nutrition, et dans le milieu des échanges organiques, qu'elle agit sur des états où tout ce que nous pouvons en saisir ne s'étend guère au delà d'une altération des actes nutritifs. Cette action altérante appartient exclusivement aux eaux à bases sodiques et suffisamment minéralisées.

La médication *reconstituante,* qui trouve son application dans presque toutes les chronicités, se rapproche de la précédente par son caractère de généralisation, mais s'en écarte par ceci : tandis que l'action altérante s'adressant directement à l'élément particulier constitutif d'une diathèse, à ce que Bouchard appellerait un principe nutritif retardé, exige par suite une spécialisation déterminée, l'action reconstituante semble s'adresser plutôt aux éléments sains du système, mais abaissés dans leur tonalité, dans un sens plutôt dynamique que médicamenteux ; aussi est-elle à peu près indifférente par elle-même à la nature particulière de l'état diathésique. Elle échappe donc à la spécialisation que réclame celui-ci, et elle est commune, caractère frappant de la médication thermale, à tous les représentants de cette médication, à des degrés divers, sans doute, mais aussi bien à ceux dont la minéralisation est la moins significative qu'à ceux dont les caractères sont le mieux accusés.

L'action *sédative*, dont le rôle est moins considérable,

sinon moins intéressant que celui des précédentes, paraît consister plutôt dans une équilibration de l'innervation que dans une sédation proprement dite. Elle est dévolue aux eaux à bases calciques et aux eaux très faiblement minéralisées.

Toutes ces actions s'adressent à l'ensemble du système plutôt qu'à quelqu'une de ses parties.

Quant aux actions *résolutives* et *substitutives*, dont il n'est pas nécessaire d'énoncer la définition, c'est aux lésions d'organes et de tissus qu'elles s'adressent directement. L'action résolutive appartient surtout aux eaux à bases sodiques et fortement minéralisées. L'action substitutive n'exige pas de fortes minéralisations, mais se remarque surtout près des eaux à bases sodiques.

Je terminerai par une remarque sur laquelle il importe que votre attention se fixe dès à présent, parce qu'elle s'adresse à un des caractères les plus essentiels de la médication thermale, un de ceux qui la distinguent le plus nettement du reste de la thérapeutique ; c'est que plusieurs de ces actions et quelquefois la plupart d'entre elles, peuvent s'exercer simultanément dans un cas donné. En voici un exemple significatif :

Si vous employez une eau chlorurée forte, par exemple Salins du Jura, dans un cas de scrofule achevée, avec écrouelles, péri-arthrites, fistules, etc., vous réalisez en même temps une médication : 1° altérante sur la diathèse scrofuleuse ; 2° reconstituante sur le système abaissé ; 3° résolutive sur les engorgements ; 4° substitutive sur les surfaces ulcérées ou fistuleuses, — ce qui représente autant de médications distinctes dans la thérapeutique commune.

Les actions qui viennent d'être énumérées, et qui répondent à des indications correspondantes, représentent tous les éléments essentiels d'action de la médication thermale. Ce qu'on pourrait y ajouter ne se rattache guère qu'à des moyens artificiellement combinés avec le traitement thermal lui-même. Cependant, il faut reconnaître dans l'emploi de certaines eaux laxatives, comme celle de Chatel-Guyon, une action, dérivative plutôt que révulsive sur le canal intestinal, qui peut rendre de grands services dans les états congestifs des viscères, du cerveau en particulier. Mais un tel mode d'action tient peu de place dans la médication thermale, si l'on envisage celle-ci dans son ensemble.

Paris. — Imp. Gauthier-Villars et fils, 55, quai des Grands-Augustins.

Paris. — Imp. Gauthier-Villars et fils, 55, quai des Grands-Augustins.